네 번째 이야기

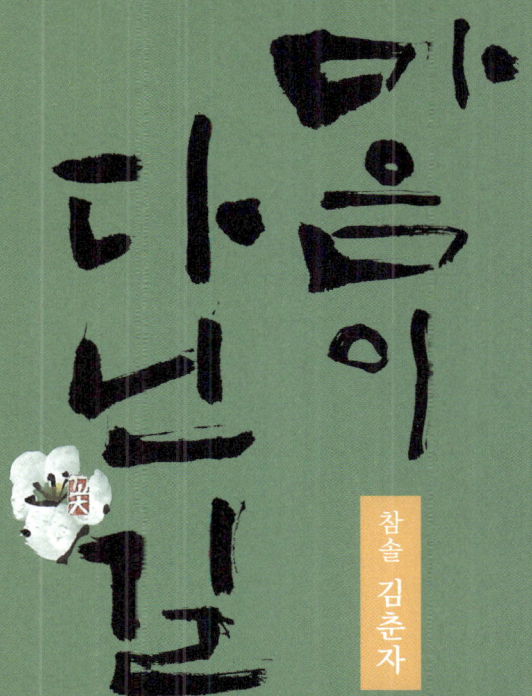

마음이 다니는 길

참솔 김춘자

네 번째 이야기

바른북스

"만물이 본시 혼자인데 기쁨이란 잠시 쉬어가는 고개요,
슬픔만이 끝없는 길이네. 저 창공을 나는 외로운
도요새가 짝을 만나 미치는 이치를 생각해 보아라"

– 박경리의 『토지』 중 환이의 생각 일부

만물이
봄시
혼자만의
기쁨의 판
잠시
쉬어가는 그 개울
흘름앞이 끝없는 길이네
저창공을 날으는
도요새가 꽃밭에 미치든 미치든
생각하라

박경리의 토지중 환이의 생각을 쓰다

추천사

스치듯 지나가는 사소한 순간을 가슴에 새긴다는 것은 곧 삶의 밀도를 깊게 쌓아 올리는 일입니다. 인간의 존엄성과 가치를 중심에 둔 그리스·로마 고전의 휴머니즘과, 근대 사회의 따뜻한 문화 속에서 김춘자 시인은 시를 통해 '살아 있는 사랑'의 무게를 노래하는 따뜻함으로 와닿습니다.

김춘자 시인의 네 번째 시집 『마음이 다닌 길』 틈새의 햇살은 벗에게, 가족에게, 이웃에게 조용히 길을 내주는 시인의 따스한 마음이 고스란히 담긴 울림으로 마음결을 풀어놓으며, 인간과 자연에 대한 깊은 애정을 노래한 故 황금찬 시인의 시 정신과도 맞닿아 있으며, 널리 인간을 이롭게 하는 홍익인간의 정신과 진한 교감을 이루고 있는 것입니다.

마치, 마주 앉은 사람과 담담하게 삶을 나누는 듯, 거침없이 속내를 풀어놓습니다. 창 너머 부엌의 소리처럼 일상적이고 미세한 움직임 속에서도 가족과 이웃, 자연과 사회가 하나로 연결된 큰 숨결을 느끼게 되는 것입니다.

인연의 굴레 속에서, 그것이 숙명이든 필연이든, 인생이라는 열차에 실려 우주의 나이테처럼 축적된 시간, 그리고 그 시간 속에 나부끼는 희망의 깃발. 마치 한 폭의 동양화를 보는 듯한 풍경을 담고 있으며, 그 속엔 어느덧 깊이 물든 삶의 홍시 하나가 조용히 익어가고 있습니다.

***

툭
소리가 났다
가지에 긁혀
홍시 맨얼굴에
핏줄 같은 울음이 퍼졌다

진흙 위로 쓰러진 채

멀뚱히 구름을 바라보니

감나무 위엔 새들이 푸드덕거렸다

(중략)

몸을 부풀리고

늙은 감나무 아래

햇살은 감잎을 비틀며

가을을 말리고 있다

「감나무 밑 홍시」 중에서

자연의 사소한 어느 순간이 큰 현상의 울림으로서, 한 계절의 서사요, 시간의 투명한 주름이 됩니다. 시 「감나무 밑 홍시」는 바로 그런 정취의 깊이를 서사화하고 있습니다.

'툭' 하고 떨어지는 홍시 하나의 소리는 단순한 의성어를 넘어, 생의 어느 날, 삶의 어느 기억을 일깨우는 상징으로 작용하며, 자연과 생명의 생채기를 떠올리는 것입니다. 존재의 고요한 상처를 투명하게 드러내고 있는 것입니다.

반쯤 터진 홍시를 나뭇잎 하나가 품은 것과 같이, 자연이 서로를 위무하고 품는 따스한 순환을 합니다. 홍시는 단순한 열매가 아니라, 어떤 무너짐과 상처받은 존재이며, 그것을 품는 나뭇잎은 어머니이며 세상이기도 한 것입니다.

자연과 인간의 교감은, 단순한 계절의 풍경화를 넘어서 한 편의 '시간의 시학'입니다. 그리고 그것은, 우리의 삶이란 결국 사뿐히 내려앉는 어떤 홍시 하나를 받아들였던 순간들로 채워지는 것이 아닐까, 하는 뭉클한 질문으로 우리를 되돌아보게 합니다.

***

달에게

별에게

소나무와 나누고

바람 한 줄기 손잡아 주면

고개 끄덕여 나누는 새로운 날

무한하지만 무한이 아닌 시각에

어렴풋한 어둠이 일어서면

(중략)

가족의 이름에

이웃 소식에

세상의 어려움에

줄 고른다

2025년 첫걸음,

기도의 새벽이다

「거문고 줄」 중에서

하루의 시작, 온전한 '나만의 시간' 속에서 삶과 세계, 그리고 기도를 짚어가는 고요하고 경건한 여정입니다. 새벽의 고요 속에서 울리는 내면의 음성을, 마치 거문고 줄 튕기듯 맑고도 단단하게 노래하는 것입니다.

거문고 줄은 단지 악기가 아닌, 삶을 조율하는 도구이며, 감정과 기도의 현이 되는 것입니다.
고요한 의식 속에 반복되는 깨달음의 떨림인 것입니다. 거문고 줄을 튕기듯, 새벽의 고요 속에서 자신을 깨우고, 세상을 향해 인사를 전하는 것입니다.

새벽은 푸르고 맑은 그릇 위에 올려진 존엄한 시간입니다. 여기서 '쟁반'은 일상을 담는 그릇이면서도, 기도의 무대이고 사랑이 되는 것입니다.

기도와 삶을 가족과 이웃, 그리고 더 큰 세상으로 확장하며, 거문고 줄을 고르듯, 우리는 마음을 다듬고 삶을 다잡는 것입니다. 그렇게 한 해의 첫 새벽은, 단순한 시작이 아니라 '기도의 새벽'으로 승화되는 것입니다.

김춘자 시인의 『마음이 다닌 길』 3집이 그녀의 시적 여정의 정수였다면, 이번 네 번째 시집은 그 여정 위에 더 깊은 사랑과 성찰을 덧입힌 결실이라 할 수 있습니다.

마음을 다닌 길 위에서, 김춘자 시인과 함께 삶의 발자국을 따라가 보시기를 바랍니다.
그 길의 끝에서 마주하게 될 따뜻한 감동과 희망이, 그대의 가슴속에 긴 여운을 남겨줄 것입니다.

문학박사 가영/김옥자

마음이 다닌 길

– 네 번째 시화집을 준비하며

가끔 생각합니다. 시와 마주하며 살아서일까요. 저 길모퉁이를 돌면 어떤 삶이 나를 기다릴지, 나는 무엇을 선택할지. 모퉁이를 돌 때마다 안정보다는 두려움이 앞섰고, 그 두려움 속에는 늘 수많은 선택이 있었습니다.
그렇지만 시는 마음을 이끌며 골목마다 나를 앞세워 다녔습니다.
윤동주의 「자화상」처럼, 시는 나를 안내하기도 했지요.
그래서일까요. 인생은 마음으로 사는 것인지도 모르겠습니다.

또 다른 시를 만나며, 마음이 살아가는 세계에서 '자화상'이라는 우물을 들여다봅니다.
길 위에서 내가 서 있고, 이 길이 맞는지 되묻습니다. 무섭지 않으냐고 묻습니다.
더해보기도 하고 내려보기도 하면서, 틀린 길도, 후회하는 길도 지나왔습니다.

아직도 해결하지 못한 고민을 안고 나는 고개를 숙여, 우물 속 나를 들여다봅니다.

많은 길을 걸어왔건만, 여러 갈래의 길을 보았음에도 정작 걸어오지 않은 듯한 느낌은 어디서 오는 걸까요.

봄 모퉁이를 돌아 벚꽃이 지는 줄 알았더니, 라일락이 맑은 얼굴로 보랏빛 매듭을 만지작거립니다.

그들도 처음 피어나는 봄꽃일 것입니다. 모두가 처음에는 낯설지요.

바람 불지 않아도 벚꽃은 연분홍 꽃비로 흩날리고, 네댓 살쯤 되어 보이는 여자아이가 꽃잎을 받으려고 팔을 벌리며 뛰어다닙니다. 아마 처음 만나는 벚꽃이겠지요. 작은 꽃잎은 그 아이 손에 꼭 들어맞을 것입니다. 처음 달려보고, 마음껏 꽃잎을 잡는 그 모습에 할아버지와 할머니는 동영상을 찍으며 아이 이름을 부릅니다. 저도 손녀 채연이가 겨우 단어를 익힐 때쯤 벚꽃잎을 주워 와 저에게 건네었던 순간을 기억합니다. 그 장면이 너무 귀하여 시를 쓰기도 했습니다.

봄날은, 모든 꽃을 다 바라보기에는 마음이 벅찹니다. 삶은 마음에 묻혀, 다 살지 못하는 그리움인지 모릅니다. 회한의 낡은 옷을 입고, 바람이 불어오는지도 모르겠습니다. 다 살지 못하는 삶을 해마다, 계절마다, 날마다 살아가고 있습니다. 봄을 만나고, 여름은 소나기 속에서 무성히 자라며, 자기의 빛깔로 열매를 맺지요. 그 열매의 색과 맛은 돈으로 살 수 없고, 글로도 다 담을 수 없습니다.

이른 봄 매화 눈뜰 시각이면, 다 살지 못하고 살아내지 못하는 삶의 모습 앞에 자주 멈추어 섭니다. 그게 삶이라는 걸 조금씩 알아가며, 그것이 아쉬움이며, 그리움이라는 것도 알게 됩니다. 꽃들이 피고 지고, 나무들이 열매 맺은 자리는 참으로 신성한 곳입니다.

그들이 떠난 겨울의 빈 가지 너머로 보이는 햇살과 하늘, 모양을 달리하는 구름 속을 타고 오르며 세상을 봅니다.
자연이 스승이 되어주는 나그네의 길은 얼마나 아름다운 길인가요. 자연이 주는 공부는 점점 많아지고, 또 겨울은 돌아옵니다. 작은 틈새 속에서도 예쁜 식물들은 꽃을 피우고, 그 속에서 봄을 펼쳐냅니다.

성근 마음을 나무라지 않으며 문학으로 집을 짓는 재료는 무엇일까요. 내가 태어나기 오래전부터 있어 왔던 바람은 알 수 있을까요.

사시사철 이리 불고 저리 부는 바람의 정체는 무엇이며, 날마다 나를 비추는 햇살의 사랑은 언제쯤 다 익힐 수 있을까요. 마음이 바쁠 때 조용히 다가오는 빗소리에 기대어 진리에 닿아보기도 하고, 무턱대고 써버린 맑은 물 앞에서 미안하다는 말 대신 겸손의 두 손을 모아봅니다.

사는 동안 자연에 대하여, 인간에 대하여 배우는 아름다움이 미학이라면, 부족한 저의 『마음이 다닌 길 네 번째 이야기』인 틈새의 햇살을 펼쳐봅니다. 문인화의 스승 은당 이경자 박사님, 서예의 예나 정복동 박사님, 한결같이 정직한 바른북스 출판사 대표님과 김재영 팀장님, 바쁜 일 속에서 엄마의 일을 들여다보는 가족, 제 시의 제목을 함께 고민한 친구 윤희 님께 감사의 마음을 전합니다.

시는 내 마음을 가지고 이리저리 다닌다

차례

추천사

마음이 다닌 길 – 네 번째 시화집을 준비하며

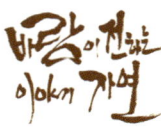

26	비의 연주
28	가을비
29	소나비
31	단풍잎이 이사하네
32	봄을 부르는 비, 雨水
34	사월의 봄밤
36	밤새 창을 두드리는 바람

40	지나간다
42	이곳은 거짓의 나라입니다
44	자식은 무엇입니까
48	사랑의 이름
50	바람에게 묻는 말
52	풀잎의 이슬
53	여정을 이끄는 힘
55	옛날, 그 모습 그대로라며
58	친구의 언어
60	설렘

64	연분홍 꽃 배롱나무
66	엄마의 장독간
68	짐 자전거
70	솔밭이 보여요
73	다시, 쪽파
75	달콤한 수박
77	떠난 자리
79	감나무 및 홍시
81	바람에 실은 이야기
83	깨소금
85	배추전
87	삶의 흔적

92	혼자 치는 시험
95	마음이 다닌 길 네 번째 이야기 – 틈새의 햇살
98	마음이 다닌 길 – 2022년, 2023년, 2024년
102	고향이 머문 자리
104	거문고 줄
106	바람 소리
108	욕심
110	마음을 묻다
112	섬 하나 키운다

치유와 성장
나래음

작은 우주의 꿈

- 116 우리 함께 일어나
- 119 매화, 숙이와 몽치
- 122 하늘과 나
- 124 국수 한 그릇
- 125 평생 푸른 옷 한 벌
- 127 삼월에 내리는 눈

사라지는 계절

- 132 흐르는 강물
- 134 금곡리 산사태
- 136 꿈에 만난 병아리
- 138 좀비 도깨비
- 141 배꽃 피더니
- 143 대지의 품속

부록 – 시 노래 플레이리스트

1. 마음이 다닌 길(2022)
2. 다림질(2022)
3. 세월이 가면(2023)
4. 국화(2025)
5. 토닥토닥(2025)
6. 시작도 모르고 끝도 모르는(2025)

비의 연주

비 오는 날은 비만 남는다
바람은 서둘러 비를 데리고 떠났다가
혼자 달려오기도 한다

비 오는 날은
내 안에도,
내 밖에도
비와 함께 살아간다

비 오는 날
최고의 연주자는 빗소리다
온몸으로 연주하는 그 곡에
비는 나이고
나는 비가 된다

비 오는 날
젖은 마음 데리고

창문 열어 나리꽃도 접시꽃도 불러
비가 된다

가을비

하늘은
터질 것이다
터진다
터진다

슬픔이 밀려
울음으로 번지고
낙엽 위에 슬쩍,
나뭇잎에 스르르

구멍 난 단풍잎의
서러움까지,
소나무는 모른 채

구겨진 세월 한 뭉치
울음 되었나

소낙비

당근, 대파, 양파에
돼지갈비 두 근을 사서
집으로 돌아가는 길,
흐물거리는 신작로가
허리를 감는다

세 시,
뙤약볕에 부채질하며 양산을 들어도,
물렁한 더운 바람이 발목을 잡는다
허리 속 땀방울이 욕을 뱉고 있다
36도와 37도 사이,
더위가 서로 싸우며 넘어지고 있다

그때,
갑작스러운 왕방울 빗줄기는
으르렁거리고
땅바닥 시멘트가

허연 거품을 물고,
삿대질이었다

단풍잎이 이사하네

나뭇잎 물들더니
단풍잎 되어 이사하네
한 잎 두 잎 땅으로 흘러
인사도 없이 이사하네

단풍잎 되어 떠나네
까마귀 날고 좋은 날 잡아
단풍잎 되어 이사하네
바람 없이도 이사하네

다시 만날 날 봄은 기약할까
나무는 알고 있지
우린 어이하여
단풍 배웅에 하늘 쳐다보네

봄을 부르는 비, 雨水

눈발이 흩날립니다
비도 함께 옵니다
겨울도 아니고
봄도 아직 아닌
질퍽한 길을 건너며
당신을 기다립니다

겨울 외투를 벗었더니
바깥이 춥습니다
당신이 올 것 같아
괜히 마음이 설렙니다

바람도 저만치 오다가
우산 가지러 다시 돌아갑니다
조금만 더 기다리면
당신이 오겠지요

저 멀리 아련히 보일 듯 말 듯

당신은 오고,

봄을 물고 계시겠지요

사월의 봄밤

사월 나뭇가지 바람이 연하다
눈 내리고
찬 바람 불더니
삼월이 보낸 사월은
살풋한 풋내의 향기다

지난봄에 다시 만나진 봄 얼굴들
고운 색, 꽃잎 열리는 춤사위
사방으로 펼쳐진 사월의 초대에
봄비 손잡고 찾으니
다 배우지 못하고,
살피지 못하는 마음,
묵언이 낫겠다

가지마다 눈뜨는 새싹,
벚꽃이며 목련이며 개나리며
여린 눈뜨고 펼쳐지는

대지의 뭇 상경들에게
하고 싶은 야기 많은 사월
봄밤이 깊다

밤새 창을 두드리는 바람

창문을 두드리며
밤새 울었다
돌아가신 부모님 곡소리도 저리 애달플까

누구의 울분이었을까
거친 숨 몰아쉬며
소리 지르고 덜컥거리더니

지금쯤
맨발인 채 바닷물 속으로
달려갔을지도 모르겠다
금능 모래밭을 이고
어디론가 뛰어갔는지 모르겠다

창가에서 소리 지르던
바람의 키가 자라
비행기마저 눕힐 기세였다

사는 일은
떼쓸 일이 아닌데
퍼질러 앉아
밤을 꼬박 새우더니

아무 말 없이
훌쩍
사라졌다

지나간다

제주에 비가 내린다
바람도 함께 왔다

늙은이 하나,
우산 쓰고 지나간다

귀뚜라미는 청명하게
밤을 울리고
뒤돌아보니
거기, 내 청춘이 있었다

지나갔다
그냥 지나가면
없는 게 된다

지난 삶은
그림이고

음악이고
시이며
글씨다

청춘을 펼쳐놓고
웃고 있는데
눈물이 났다

우리의 인생이
그렇게 쌓이지만
보이지 않을 뿐

사는 문제에
우산 씌운 채
귀뚜라미와 나란히 걷고 있었다

이곳은 거짓의 나라입니다

똥파리들이
비행기를 탔다
낯선 도시의 창공을 가르며

맛있는 빵 위에
비싼 술잔 위에
황금빛 꿈을 날개에 싣고
날자, 날자
한껏 날아보자, 꿈꾸자

"○○세무서입니다"
"세금이 미납되었습니다"
"택배 배송이 지연되었습니다"
"경찰청입니다. 교통법규 위반이 확인되었습니다"
"삼성전자 ○○○ 팀장입니다"

정신을 흔들고

심장을 파고들고
머릿속은 허공을 맴돌며
어느새 영혼마저 갉아먹는다

똥파리 무리
동서남북을 빙글빙글 우글우글
가짜의 날개를 펄럭이며
세상을 감춘다

자식은 무엇입니까

자식은
내 앞의 스승입니다
영혼에 자리 잡은 기도가 됩니다

건강하기를
행복하기를
하루에도 몇 번씩
건네는 과제입니다

지혜롭고
평화롭게 살아가기를 바라며
내 마음은 자주
그들을 향해 길을 냅니다

자식은
끝없이 피어나는 그리움입니다
고통의 강이

그들에게 없기를 바랍니다

그래서 묻습니다
바람에게,
하늘 아래 큰 나무 앞에
두 손 모아 묻습니다

우리가 살아가는 이 삶에서
자식은
무엇입니까

아이들은 우리 몸을 거쳐 왔을 뿐,
아이들은 우리가 볼 수 없는
아득한 미래를 살고 있는 것을.
그저 뜨거운 믿음으로,
애타는 사랑으로, 이 지상에
잠시 동행하는 기쁨을 허락하기를.
— 박노해*, 『걷는 독서』 중

---

* 박노해: 시인, 노동운동가, 80년대 군사 독재 시대의 민주 투사이며 저항 시인이었고, '나눔문화'를 설립해 새로운 노동의 길을 걸었다. 박노해는 '박해받는 노동자 해방'이란 뜻이다.

사랑의 이름

그 사랑 앞에선 무너지더라
목련이 떨어지듯
벚꽃이 지듯
그 사랑 낚아채지 못하고,
세월을 돌아 돌아
다시 이 자리
봄 앞에 서서
옹이진 마음

기다림의 솜털 속에
꽃잎 여는 목련,
꽃잎 벗는 그리움을 보따리째 펼쳐도
바라보다 그려보다
다시 앞으로 가야 하는 길

그 모습 안으며
목련꽃 지고 잎은 자라,

벚꽃 흐르는 길에
서 있다
또 봄을 물고서,
봄날은 간다

바람에게 묻는 말

휴가 때
게를 사고
문어를 다듬어 아버지에게 가는데
길이 막혔다
성질 급한 마음은
고향에 도착해 있었다
이제 아버지는 계시지 않는다
바람에게 길을 물었다

다시 휴가가 되었다
날이 어두워졌다
대지를 안고
하늘을 안았다
함께 살다 길 떠난 남편
홀로 태어나 홀로 가는 길을
몸으로 가르쳐 주는 걸까

내가 왜 여기에 있는지
이곳에서 나는 어디로 가는지
바람에게 다시 길을 물었다
바람 부는 날처럼
바람처럼 살아가고 있었다

풀잎의 이슬

들일 나간 아버지 바짓가랑이에
가득 묻어온 이슬
식구 많은 엄마의 아침상
푸성귀에 숨어온 이슬
방천길 이어진 학교길에
대롱이며 반짝이다
흰 운동화 망친 이슬방울

아침이슬 이고 지며
길 떠난 아버지 어머니
자식 꿈을 진 무지개는 아침이슬이었을까

여정을 이끄는 힘

울지 말아라
우린 이 세상 여행 와서
잘 먹고
잘 자고
구름 만나 하소연하며
바람 노래로 놀지 않았느냐
사랑이란 운명의 실타래에
새싹 같은 새끼 거두며
한철 매미로
웃고 울지 않았느냐

울지 말아라
그리움이 네 서재에 쌓인 진리라도
나그네 살림 보태지는 말거라
삶의 친구 같은
목소리 듣고 싶어
한 발

두 발 걸어도
그건 그리움이란 허상일 뿐
그건 보이지 않는 여정일 뿐
삶은 그렇게 여행일 뿐이다

옛날, 그 모습 그대로라며

봄꽃들이
마구 핀 2025년 4월 9일
45년 만에 대학 친구들을 만났다
사진을 찍는데
예쁘게 보이고 싶어 루주도 한 번 더 바르고,
선글라스도 꼈다

세월의 다리를 건너는 사이
바람 밭을 건너며
우리들은 함께 만났다
옛날, 그 모습 그대로라며

살아온 이야기 속에는
안동 사과도
안동 식혜도
윷놀이도 정에 버무려진 짧은 하룻밤
옛날, 그 모습 그대로라며

벚꽃이 꽃비로 흐르는 사이
친구들은
벚꽃의 아름다움 대신 지나버린 시간을 줍고 있었다
점심 먹으면 헤어진다고
가마솥 해장국 속 이별을 젓고 있었다
떨어지는 벚꽃을 보며
우정을 채워 서울행 기차를 탔다
옛날, 그 모습 그대로라며

부산 헬들라 이름을 불리주더래도, 자식인 씨앗들이 한결같이 그걸 거부하므로, 사라며 씨방은 보통 다섯개의 작은 방들로 나뉘어 있는데, 각 방마다 한개의 씨앗이 들어있다. 두 한번에 속해 있지만, 대충 이들 후손이 나를 따듬심을 가져 있다.

그러나 모든 축복에 덜문하겠지가. 이 배은망덕한 자식을 몸에 앉혀 놓고 우생학이 어떻고 성장모들이 어떻고 훈계해봐야 아무 것 소용이 없다. 그러나가 맛과 불결에 함에 아무리 값들었다손 치더라도. 그걸 송자민 속에 저며두것이라고 씨앗을 달에붙는 소용없는 일으키지 않는게 좋다는 말이다. 헤맴하라고 조막만하고 볼품없고, 집값할만큼 시원코 돌사라가 열렬데니까.

한며래도 헤머러 스라일을 구라는 할아버지가 되게 십상이라.

대부분의 다 말이 그렇듯. 사라 역시 야생으로 환원하려는 성향이 워낙강해, 씨앗으로 품종을 재현하는 것은 불가능하까 사 있은 고한한 세상속에서 저마다 자신만의 세상을 몸긴다. 잘 알려져 있듯 같이. 사라며 그다적인 품종 대부분은, 조상의 눈부신 영광에 의지하지 않고, 수많은 야생신라가 가운데서 불현듯 웃아으로 것이다. 그러면서 붙이 변 것이라고나 할까? 저 푸덩한 덤더석서 품종 역시 때에어가 아내다. 어느날 우연히, 는비의 시멘을 간직한 씨앗하나가 맛 뉴한 한 흑에서 썩을 되간다. 이옷 이와 탈로 낙락을 겨원하기에 이 앞이 곧을 못나더듯 경연히 화려하게 꾸민 이 인상의 가지를 뜯다. 일하는데 거치적거리고 성가셔서 주민의 많은 가지들이 내버린다. 그럿에도 계속 자라나서 북리적이고 그러고 있는 이 가련한 사라나무들 그대로 내버리면 다 이 나무는 죽으나 옷을 맺고 못지 않다. 그러므로 이재껏 명이붙지 않는 허영이 해안도 한사람이 낳받을 하다. 잎을 하나가 목이 멀라 이 나무에서 사라를 하버긴다. 벌 새떼도 하지않고 무른고 한밤 맥이 곧. 단물맛을 염축에 한받은 놀라운 멋이 곤은 멱다. 동기에 맞는 두렁으로 눈들 갔박이다 장간 생수에 잠겼다가 앞에 머금로 사라를 이작이삭 깨물면서 신중하게 맛을 해아리다. 해를 홈빈하게짓는 향목한 가을라 매혹적인 함. 그리고 사랑한 슈스. 그러야 경직된 얼굴이 부드레에 풀리면서 입가에 흐릿한 벗음이 버지간다.

따먹고 나머는 부을 것부터. 여눈에 남아있는 흥문인디라한 잎속을 깜빡이며 골고 그림을 잊느가. 뒷뿔이 해질에서 천천히 시나갔들때 께야 비로소 잠이을 체리고는, 되숙께 생각나듯. 하쓴 웨미듬 도러 내며 것한나들 먼발한다. 하. 내삼에 이정재도 달금하고 향기.

친구의 언어

열일곱 살에 만난 시간의 추억이 다녀갔다
햇살은 그때나 지금이나
바람의 향기도 나이를 잊었다

3월, 정희가 베란다에 겨울 화분을 내놓고
물 적신 수건으로 먼지를 닦아
마주 보는 얼굴처럼 화분과 돌들을 옮기니,
달라진 자리에서 그들은 실눈을 떴다
금전수, 게발선인장, 아보카도, 벤저민에게
갓 핀 붉은 작은 장미가 베란다로 이사 왔다고
꽃잎 한 잎을 손끝으로 밀어 올린다

한 평 남짓한 봄베란다 화분에는
햇살이 날마다 온다
친구라는 시간의 침묵,
추억은 만나거나 만나지 않아도 오간다
라일락 향기 피는 성당 뜰에서

여름 장마 질퍽한 한천길에서
명봉사 뒤뜰 은행잎 누운 바람 속에서
달려가고 달려온다
오늘도 전해 주겠네
그녀 다녀갔다고
나도 너를 보았다고

설렘

오후 나절, 비가 올 듯한
날을 더듬어 본다
구름 낮게 드리운 회색 하늘이
나무 위, 지붕 위로 안개를 펴고,
며칠 뒤면 여고 친구들이 온다는데

그때쯤
목련도 필까
개나리는 어떨까
친구들은 봄비처럼 올까
그러고 보니 봄비엔 나이가 없네

봄비 소식에
고개 드는 새싹도
노랑, 빨강, 분홍 얼굴들
그 안에 친구들 모습이 겹쳐진다
소슬비 되어 함께 오겠네

서로 웃으며 눈물 삼킬 친구들의 얼굴
말이 못 하는 마음의 언어는
무엇일까

세월 깊은 안쪽으로
손잡고 들어가 보면 넝쿨회,*
여고 시절 환히 웃던,
시 하나 안고 달려오겠지

---

*   넝쿨회: 여고 때 함께한 서클모임 이름.

연분홍 꽃 배롱나무

배롱나무 날 부르는 단지 안 카페다
차 한 잔 들고 연못가에 핀 배롱나무에 가면
연분홍 미소다

다시 다가가도
떨어진 꽃잎마저
연분홍 미소가 환하다

이웃집 마실 갈 때도
바람 그네 타더니
낮달 아래 졸면서,
바람꽃으로 떨어진 연못 안은
꽃잎 뱃놀이에 물길이 동무한다

다복한 모습,
내 딸 소식 전해다오

먼 곳으로 시집간
딸 생각을 배롱나무에 달아두고
나무 곁을 돌고 도니
꽃잎에 머문 마음,
연분홍에 배어 꽃사랑이 되는구나

엄마의 장독간

열여덟에 시집와 가족에게 묶인 엄마
증조부님, 시어른, 남편과
해 건너 태어나던 아이들

하루에도 몇 번 줄달음치던 장독간
금이 간 큰 독은 소금 독
묵은 된장, 햇된장,
묵은 간장, 햇간장,
찹쌀고추장, 보리고추장이
엄마 손에서 내밀하게 익어가고
물 마를 길 없는 흰 앞치마

어느 항아리에 한이 숨어 있었을까
어느 항아리에 서러움이 함께 살다 갔을까

장독대 한쪽에 놓인 맑은 물 한 사발
까치가 보았지

대숲 참새들도 보았지
여덟 살 나도 보았지
빨간 고추잠자리 짝짓기하며
쉬어 가는 곳

감들이 장독대 지키고
알밤 툭 떨어지는 소리에
화들짝 놀란 고양이
낮이면 햇살에 달구어진 반짝이는 항아리들
밤이면 달빛 별빛에
이슬 함께 살던 곳

엄마는
엄마이어도 엄마 없는
시리고 헐벗은 시간 속에서
가족이 살았다
엄마는 그렇게 살다 가셨다
그렇게 사는 게
엄마인 줄 알았다

짐 자전거

여고 때 야간수업 마치고 방천길을 걸으면
무서운 마음 별에 묻고
발걸음 소리마저 놀람이 될 때
하루 일을 마친 아버지가
헛기침하며 내 이름을 불렀죠

아버지 짐 자전거 뒤에 앉아
풋사과 푸른 향 키우는 과수원 지나
물소리 이불 덮고 곤히 잠든 물레방앗간 지나
모내기한 논 가에 올챙이 개구리 되는 바쁜 합창 소리
시큼한 아버지 땀 내음,
문 앞에 가기도 전에
똥개 짖는 소리에
옅은 달빛 품은 내 꿈 쏟아지는 소리

덜컹거리던 짐 자전거
내 이름 불러준 아버지,

희미한 따릉이 불빛 속에 담겼던

아버지 숨소리

그게 사랑일 줄이야

솔밭이 보여요

서울서 우리가 간다고 하면
솔밭으로 난 쪽문 열어 자주 고개 내밀던 어머니
손주 온다니
흰 수건 둘러메고 마당 걸음이
바빴던 키 작은 어머니

모래 마당 쓸면 그림 그려진 고운 마당
하얀 수국의
무거운 고개가 살가운
양산 초산마을의 어머님 집이다
비 오는 날 수국은 정갈한 어머니를 닮았다

마을역사가 된 오랜 솔밭은
키 큰 소나무가 동네보다 넓다
통도사에서 내려온 강줄기는
노송 사이로 보이는 구름이 자유롭다
아들 앞세워 무거운 가방 들고

솔밭길 걸으면
마음은 강물 흐르듯
마음은 구름이듯

지금도
그곳은 키 큰 노송 사이로
무심한 구름이 살고 있을까
우릴 기다리던 어머니
솔밭 뒷문 열며 우릴 부르신다

오냐, 내 새끼들

구름은 무엇이며
산다는 흔적은 그림자일까

다시, 쪽파

탱탱하고 생생하여 하얀 뿌리에 붉은 흙 묻은
쪽파 생각이 가득했다
배추김치에도
나박김치에도
볶음밥에도
부침에도
함께하는 쪽파였다

아버지는 쪽파를 길렀다
쪽파 골에서
멀리 공부 떠난 자식도 길러냈다
쪽파에 윤기가 흐를 때
아버지 마음엔 자식들 글 읽는 소리가 자랐다
가을 농사 끝나면
아버지는 쪽파를 들고 오셨다
먼저 간 엄마 대신 하얗게 다듬어진 쪽파였다

머릿속은 고향 실어 나르고
아버지 좋아하는 막걸리 한 잔이
마음에 앉아 하늘을 쳐다보았다

달콤한 수박

그렇게 자라
여름이 오면
우리를 찾아왔다

사월 중순
심어진 수박은
뙤약볕 속에서 눈을 떴다
푸른 날, 부지런한 움직임이었다

비가 모자랄 때
노란 꽃잎 속이
타들어 가도
뿌리는 그 젖줄을 놓지 않았다

장마철, 도랑물 소리의 두려움도
캄캄한 밤, 수박 속 하얀 씨앗은
스스로 더듬으며

검정으로 여물어 갔다

수박의 몸은
지구를 닮고
달을 품고
시가 되었다

푸르른 껍질 속,
소나기와
넝쿨 할퀴던 바람도,
가뭄도,
까만 밤들도,
하나를 향한 기다림이었다

달콤함을 꿈꾸며
햇살 속 일상에
수박은 우리 앞에 있었다
칠월에 태어난 딸은
수박을 좋아한다

떠난 자리

우리 일곱 형제
아버지 떠나신 지 일 년 만에 다시 모였다

아버지를 기리며 가족 동영상을 보았다
젊은 엄마와 큰고모가 밥상을 마주하는데
엄마가 야위었다
영상 마지막 장면에
아버지는 큰동생이
목욕과 이발을 막 끝낸 짧은 머리였다
"잘 있으라"는 아버지 목소리에
손을 흔들며 웃던 모습에 우리는 소리 없이 흐느꼈다

문어와 전복, 소고깃국과 묵과 조기
아버지 좋아하시던 것들을 우리가 먹으며 집으로 왔다
아버지 꿈을 끄었다

동생이 아버지 옷을 갈아입히고

아버지는 웃고 계셨다

알람이 울렸다
밤새 우릴 만나러 다녀가신 걸까
"잘 있으라"는 말을 남기고 어디로 가신 것일까
알 수 없는 인생의 길은 끝없이 흐르고 있다

감나무 밑 홍시

툭
소리가 났다
가지에 긁혀
홍시 맨얼굴에
핏줄 같은 울음이 퍼졌다
진흙 위로 쓰러진 채
멀뚱히 구름을 바라보니
감나무 위엔 새들이 푸드덕거렸다

툭
다시 들린 소리
반쯤 터진 홍시를
나뭇잎 하나가 품었다
까치는 널브러진 홍시 앞에서
몸을 부풀리고
늙은 감나무 아래
햇살은 감잎을 비틀며

가을을 말리고 있다

서쪽 끝 가지의 홍시 하나
까치가 흔든 걸까
지나가던 바람이 나를 본 걸까

사뿐
홍시가 내려앉았다
나는 그 홍시를 받아
할머니께 달려갔다
일곱 살
내복 바람의
가을빛 달음박질이었다

바람에 실은 이야기

멀리 시집간 딸이
목련꽃 봉오리 피어나는 정원에서
사위와 찍은 사진을 보냈다

겨울 딛고 일어서는 솜털 속 연한 꽃잎,
먼 어느 곳 천사가
마음 빚은 기도를 꽃잎으로 담아 보낸 것 같기도 하고
고운 잎 하나 벌어지는 찰나
하늘도 구름도
언 땅도 마음 졸여 보냈을 자태
몇 송이는 붉은 담에 기대고
드문 송이는 새들에게 봄소식 안기는 초대장일까

'나 좀 봐요, 두꺼운 꽃 벽도 열 수 있어요'
아, 꽃봉오리드 신혼 같구나
하늘 보고 가상 키우며
눈보라 이겨내고 서 있구나

"아가, 너희도 목련처럼 자리 잡아
가족도 늘려보고
씩씩한 나무가 되어라."
사랑하는 일은
두 발을 땅에 딛고 걸어가는 시간이다
사랑하는 일은
사계절을 걸어보는 시간이다
아가, 목련처럼 겨울을 이기거라

깨소금

돌아가신 아버지가 농사지어 두고 가신 참깨,
아버지 마지막 선물이라며 동생이 가져다주었다
한 됫박을 씻어서 참깨를 볶았다
세 아이에게 깨소금으로 나누었다
둘째 딸에게 가지고 갈 깨소금에 마음이 더 갔다
이국땅에서
신혼집에 쓸 깨소금은 무엇이 다를까마는
아버지 마음마저 얹어 보았다

자그마한 씨앗들이 땅에 심어져 깨꽃들이 피고
아버지는 밀짚모자 눌러쓴 채 깨밭을 매고 있었다
깨꽃이 피는 시골 밭에
연분홍 인연의 꽃들이 방울방울 맺혔다
구름이 몰리고
바람이 불어도
깨꽃은 춤을 추고 있었다

아버지 흔적은
바람도 구름도 가지고 갈 수 없었다

배추전

경상도는 전(煎)을 부침개나 찌짐이라 한다
배추전 생각이 날 때가 있다
온 가족이 둘러앉아 즐긴 음식에
다시 못 올 시간을 앉혀
가족의 수다와 젓가락들이 올려진 둥근 밥상이었다
왕소금 듬성듬성 배춧잎 위에 뿌려 숨죽여
주르르 밀가루에 묻혀 갓 구워 낸
뜨거웠던 사랑이었다

막걸리 한 잔이면
어린 시절이 달려온다
고향에 읍(揖)하다 보면
어머니, 아버지 생각으로
툭툭 떨어지는 눈물을 삼킨다
그리움을 삼킨 한 잔 막걸리는
순한 지성이 되어
어느새 나를 제자리로 가져다 놓는다

내가 조상이 된다면
아이들은 무엇으로 그리움을 부를까

삶의 흔적

계절이 오가며
포개진 세월이 되었습니다

아이들이 자라고
아이들이 어른이 되어
아기들이 태어나고,
가끔 당신의 눈을 들여다봅니다
제삿날이나
생각이 날 때 사진 속의 눈길입니다

떠나가고 지나간 세월에
눈길로 만나는 찰나입니다
당신과 나의 언어
눈과 눈이 만나는
그 안의 마음길입니다

눈길 속의 추억과

눈길 속의 사랑과
눈길 속의 쓸쓸함
마음이 전하는 흔적입니다

눈 맞추는 마음의 길
따스한 봄볕에 나란히 앉아
다시 그 눈길 기다려보려 합니다

혼자 치는 시험

사계절을 넘고 넘어
혼자 시험을 친다
사계절 지나,
나무는
까치는
강물은
바람은
어떤 시험을 칠까

혼자 시험을 친다
생의 공간에
사랑해야 하는 세상,
펼쳐진 자리에
봄·여름·가을·겨울을 심고
옷 갈아입으며
추운 날 터널을 지나
혼자 치는 시험,

'기쁨입니다'
'감사합니다'
'고맙습니다'

혼자 치는 답안지에
다 물들지 못한 낙엽이 나무에서 흘러
바람에 뒹군다

'부끄럼 없이
살고 싶었다'

그 한마디는
끝내 쓰지 못하고,
혼자 치는 시험이다

마음이 다닌 길, 네 번째 이야기

− 틈새의 햇살

겨울 지나
만물은 여린 움을 사방에 퍼뜨립니다
자연이 건네는 찬란한 황홀입니다

올망한 싹 틈,
졸망한 눈부심
연푸른 숨결은
자연이 건네는 찬란한 황홀입니다

엄마 뱃속 아기가 세상에 오듯
봄 길목 틈새에는
수많은 생명이 자신을 내어놓는
자연이 건네는 찬란한 황홀입니다

나뭇가지 두꺼운 껍질을 밀어 올릴 때
싹은 한 장 한 장,
마음의 책장을 넘기듯

몸으로도 기억되는 교과서입니다

뽐내지 않는 햇살을 따라가면
틈새마다 오뚝 솟은 생명이
더 깊고 반짝이는 눈빛으로 피어납니다
당당함을 바라보며
그곳에 조용히 밑줄을 그어 봅니다

함께 새싹이 되고 싶어
함께 바람 그네를 타며
함께 봄비 되어 보는

마음이 다닌 길에
햇살의 날개를 달아 봅니다

마음이 다닌 길

– 2022년, 2023년, 2024년

1. 마음이 다닌 길

길을 못 찾아
이리저리 헤매고
지나온 길 다시 가보고
어설프게 다니던 길에
잡초가 무성하다
눈감아도
눈을 떠도 보이는 마음의 길
길이 있으면 내가 있는
마음의 길
이 길에서 다시 나를 만나자

2022년 참솔 김춘자

2. 마음이 다닌 길 두 번째 이야기

내가 온 길,
나이도 색깔도 소리도 없이
살아온 마음

살아온 길,
나이로
색깔로
모양으로
삶이 만들어지고

바람아 너도 나이가 없지
구름아 너도 나이가 없지
밤도 없고
낮도 없이
함께한 바람과 구름

마음은 바람이어도
마음은 구름이어도

보이지 않는 마음에
바람이 구름이 흐른다

내가 다닌 길에
발자국 하나, 둘
별들이 마음 찍은
하나, 둘

2023년 참솔 김춘자

3. 마음이 다닌 길 세 번째 이야기

세상에 태어나 늦을 때가 있을까요
가만히 보니
아직 깨어나지 못한 내가 보였습니다
손잡고 함께 가고 싶었습니다
아이들 공부가 끝나고,
일하던 손을 멈추고,
나를 깨워 흔들어 보았습니다

되고 싶은 나를 만나야
이야기가 이어질 것 같았습니다
보고 싶은 나를 만나
깊어지고 싶었습니다
왠지 안돼 보여 함께 걸어보고 싶었습니다
왠지 안돼 보여 함께 여행이라도 떠나야 할 것 같았습니다
어제보다 조금만 더 손잡아 주면 고마워할 것 같았습니다
오늘도 친구가 필요할 것 같았습니다
아직 눈뜨지 못한 나에게 친절해지고 싶었습니다

                                                2024년 참솔 김춘자

고향이 머문 자리

내가 태어난 곳
푸른 하늘 다가오고
새소리에 귀가 한가롭고
마음이 춤추고 노래 부르는 곳
내 안에서 살아가는 그리움이어라

내가 자라 온 곳
아버지 어머니는
하늘 어디 구름으로 머무를까
햇살에 그을린 어린 친구들
깔깔대는 소리
허공에서 들려오면
하늘 쳐다보는 곳

내가 보고 있어도 보고 싶은 곳
내가 찾아가도 가고 싶은 곳
마음에서 고향은 숨을 쉬고

마음에서 고향은 나를 붙잡고

거문고 줄

누구도 가져가지 못하는 시간
나를 향하는 새벽
첫걸음 똑똑
한 발 두 발 나의 세계를
달에게
별에게
소나무와 나누고
바람 한 줄기 손잡아 주면
고개 끄덕여 나누는 새로운 날
무한하지만 무한이 아닌 시각에
어렴풋한 어둠이 일어서면

탱탱한 거문고 줄 앞에
첫걸음 똑똑
잠들지 못하고 날 기다리는 새벽
살아있는 날의
푸른 쟁반에 담긴 정중한 인사

가족의 이름에
이웃 소식에
세상의 어려움에
줄 고른다
2025년 첫걸음,
기도의 새벽이다

바람 소리

큰바람 멀리 가는 소리, 세기도 하다
다시 돌아오고
나무 위에 앉은 바람
부지런 떠는 새의 이야기는
바람이 잠시 쉬어가는 곳일까
신발 끌고 타박대는 소리에
흔들리는 작은 바람

구름 다닌 한낮에
큰바람 작은 바람 업고
이곳에 짹짹짹
저곳에 찌익찌익 새소리 나르며
거두지 못하고 남은 바람 소리

고목은 뿌리내리고
새소리 안고서
수없이 지나가는 바람 소리

남아있는 작은 바람 소리
큰바람도 작은 바람도
나그네이지

우리도 나그네이지
나무 위에 앉은 바람
나의 방향을 묻는다

욕심

무거우면 내려놔, 괜찮겠니

이건 배추 김칫거리고
저건 밑반찬 하여
둘째에게 보내려고,
오면서 딸기도 샀어

한평생 들고 다니는 욕심을
오늘도 마음이 허락했구나
거울 속에 비치는
턱에도,
배에까지 욕심이 내려와 있네
네 눈 속에서 저울질하는 모습도
무게 달면 욕심의 무게일걸

살다 보면
욕심에 쌓인 그늘

무거운 짐이 널 누르면
햇살이 비추어 주어도 알지 못할 수 있어

마음을 묻다

나는 마음이 무엇인지
겨울나무 보고 물어보다가
겨울 모퉁이 지나는 길목,
우수(雨水)에게도 물어보았다

내 마음이 자꾸 변하길래
철없는 생각인지 고민이 되었다

가지에 딱 붙은 매화꽃 몽우리는
피는 게 곧 마음이라 했다

섬 하나 키운다

금능 해변에서 바라보는 비양도
삶을 사는 일은
섬 하나 키우는 일이다
비양도는 금능 해변에 젖어 있어
가고 싶은 섬이다
삶을 살아가는 일은
섬 하나 키우는 일이다

겨울을 뒤로하고
봄을 맞아
뱃길로 들어가는 길은 가슴 벅차다
사는 일은 다 살지 못하는 그리움으로
섬 하나 키우는 일이다
물빛으로 다 살 수 없는 삶을 담아
바람과 구름 담아 파도 저어가며
뱃길로 나아간다

우리 함께 일어나

독도 햇살은
태극기 손잡고
물결 위에 반짝인다

새해 아침,
푸른 물결이 일어선다
대한민국, 일어서야지
늘 그렇듯이

남산에서 떠오르는 태양,
큰 울음 토하며 태어나는 아기들,
동서남북, 세상이 분주한데
대한민국, 일어서야지
늘 그렇듯이

태양이 떠오르는 새해 아침
두 손 잡고,

마음 모아
우리 함께 일어나
함께 가야지
대한민국, 일어서야지
함께 웃어야지
늘 그렇듯이

어쩌면 그것은 마지막의 벗, 생애에서의 가장 진실된 벗을
잡아 보자하는 것도 몇으로지 모르다
〈토지15〉 1() 효불효한 자식

4월 10일 (목요일) 토지탈사
M하루 두 아들 대해서 그리움을 삭막하고 격렬함의 연주다는
시간속에 밀어넣어 해매어 다니게 되어죽었다. 별한이, 설진이며 식근이 번호의
이제 고움을 상회시며 수동의 사람에게 호소
있는 어린 시절 자식의 자의를 방해, 격렬함에서 살아간
감격하며, 한으로 울어. 군내 옥루대사라
해관스님, 대덜은, 내내 원보이, 그들 엇모음을 향해 가며
옵이 흐른다.
〈토지14〉 13장 영천공 의부사택

4월 11일 금요일 토지달사
영광은 어느 가수보다 특별한 한때곳, 원제 모지만 색으로의
재제학 한 몸률 우수에 잠긴듯한 모습과 자빗다
 입술에서 한숨이 새어나왔다.
 애잔한 느낌 까지 강려.
관수는 반복 씨가 낳은 ... 신분의
〈토지15〉

4월 금요일 토지
진달내는 칭달내래 육친지사 북지사의 가
지사장 못가서 사람. 별력, 고개점는 사람, 하오절리 철
해에를 김기였이. 각기 깊이간 다정지미 남아가... 수많이
이 미뭇 ... 대개강 에는 변함이
감지 ... 어이
... 소리는 ... 불안 ... 좋아 사라
지운한다.
〈토지16〉 종추는 아이들

4월 요일 월요일 토지달사
비하를 당고 오는 동안 모 ... 갖다. 눈깨 마고 있는듯. 담
해있 수미었다. 군도 이로 신경 만이 일시에 씌 자 다른 기동을
인진히 없는 것처럼 꿈조밖는 먹빛같은 잠이었
그러나 애간방에서 불을 끄고 누었지만 모차 다시 감동을
이루지 못했다. 겨울로 긴 밤이었다. 막수 깨어있다. 꿈을 꾸
것 못했다. 그러에 일어났던 일의 꿈만 같았다. 그럼 같
지가 없다.
〈토지14〉 3장 섬진강 기록에서

4월 요일 화요일 토지달사
공동강에 달콤한 국문의 슬픔이 또 다시 영양에게 스며들었다.
소년시절 깨멋던 죽음에 대한 선디먼년, 그 미의(未知)의 공기
에 삼십장년에 확한거린다. 아무 희망이 없었다. 길었만 그리문
없었다. 세월에 바래지고 마모엇것같은 어머니나 누이동생도

매화, 숙이와 몽치

박경리의 대하소설 『토지』에는
고단한 삶 속에서도 매화처럼 피어나는
숙이와 몽치의 이야기가 있다

살길이 없는 아버지,
주막에서 하룻밤을 묵고,
'몽치'만 데리고
새벽 산길을 떠나지만
지리산 산속에서
숙이 아비는 죽는다
여섯 살 몽치는 썩어가는 아비 곁에서
산 사나이 해도사가 거두어 준다

숙이는 주막에서 불 지피고 국밥 끓이며
아버지와 동생 몽치를 잊지 못한다
그리움이 북받치면
빨래터 찾아 차가운 물소리에 마음을 씻는다

까치 소리는 몽치의 울음으로,
아비는 꽁꽁 언 강물의 소리다
숙이는 강을 이고 집으로 온다
주막 할미가 숙이를 키워
한복에게 시집 보내고
동생 몽치 몫도 남겨둔 채 눈을 감는다

한복의 부모는 최참판댁 아들 죽음에 연루되어
비극적 생을 마감하지만
한복은 딛고 일어서며
숙이와 새 가정을 이룬다
몽치는 고깃배를 타며
자신만의 어장을 꿈꾼다

눈바람 품어
맨발로 달려와 전하는 향기
매화는 옛사람에게나 우리에게나
마음 깊은 산책길이다
꽃잎에 머물러
돌고 돌아 다시 서보는 매화 앞이다

숙이와 몽치는

그 매화처럼

추운 삶을 뚫고 피어난다

하늘과 나

하늘이 얼마나 큰지
지금도 쳐다본다
하늘이 얼마나 넓은지
다 다녀보지 못했다

남편 잃고
남편을 보느라 그곳을 들락거렸다
어머니가 계시는 곳
아버지가 머무는 곳
다 이루지 못한
내 꿈의 싹이 자라는 그곳

하늘은 커서 좋다
하늘은 넓어서 나도 조금 넓어진다
하늘은 무진장이다

쳐다만 보아도

하늘은
나를 알아본다

국수 한 그릇

잔치국수다
멸치 국물에 끓인
무도 양파도 대파도 다시마도 한 식구다
쪽파도 참기름도 마늘도 고소한 잔칫집
긴 국수 가락에
다섯 살 아이도 여든 살 노인도
맛있는 국수 한 그릇

누구나 사랑하고
누구나 나라 품는
희망을 안고
고난이 뭉친 힘은 길게
앞으로 앞으로 나아가는,
우리 한마음을 담아본다

맛있게 훌훌 먹는 잔치국수처럼
우리의 한마음 담아본다

평생 푸른 옷 한 벌

할아버지의 할아버지
증조부, 고조부, 현조부
이 소나무는 600살이다
소백산자락 경북 예천군 예천읍 감천
석평마을의 석(石)과 영혼이 있는 소나무라는 의미로
송령(松靈)이 된다
천연기념물이다
전해지는 이야기는 홍수로 떠내려오는 소나무를
지나가던 나그네가 건져
현재 자리에 옮겨 심은 것이다
1930년 주민 이수근 씨가 이 나무에 영감을 느껴
이름을 지어 자신 소유 토지를 상속시켜
현재는 재산세를 낸다

석송령 이야기를 들은
고(故) 박정희 대통령은 500만 원을 하사했고
그 돈과 임대료, 농사 소득은

지금도 마을 아이들 장학금이 된다

우산을 펼쳐놓은 듯,
지지대를 거느리며 품이 넓다
인사부터 드려야겠다
뿌리에서 솔잎까지 한 몸이다
한 벌 옷으로 세월을 산다
투박한 껍질의 들숨 날숨 숨결이 스승님 의관이다

겨울 추위는 이불 되고
더위를 대신하여 그늘 만들어
가문 날을 뿌리로 내린,
아픈 날은 하늘이 돌보았을까
한 벌 옷으로 청정한 향기 품어
한자리 지키는 모습
우리도 함께 키워가는 석송령

삼월에 내리는 눈

겨울이 깊어진 듯
눈이 내린다
바람이 몰고 오는 눈발은
겨울처럼 거짓말을 한다
세월이 거꾸로 가는가
앞집 담벼락에 고개 내민 목련
설마 거짓말하는 건 아닐 테지

아침에 눈 뜨면
어릴 적 부른 노래에는
'새벽종이 울리고
새 아침이 밝았다
너도나도 일어나
새마을 가꾸자'
마을 확성기에서 노래 나오면
눈 비비고 일어나
산도 들었고 나도 불러 힘이 솟았다

마을마다 심은 그 노래는
국민 마음으로 살아
밥도 먹고 잠도 잤다

우린 민족의 봄을 봄으로 알아,
태백에서 평창에서 폭설이 내려도
겨울옷 다시 찾아 입어도
시국에 우는 바람 소리 북풍이어도
우리의 펄럭이는 기상이 있다
함께 나아가야지

삼월에 눈이 내리고
사월에 눈이 내려도
우린 그 봄을 위해 나아가야지

흐르는 강물

저 강물도
맑은 시작이 있었을 것이다
산골짜기에서
처음 햇살을 받으며 흘러내렸을 것이다
나에게도
강물 같은 시작이 있었을 것이다

시간이 지나며
강물은 쓰레기와 기름을 품었고
물고기는 비닐을 삼키며
우리가 먹는 밥이 되었다

어제처럼 오늘도
오늘처럼 내일도
강물은 흐르지만
물고기가 아프고
우리는 숨이 차다

언제쯤
강물의 맑은 노래를 들을 수 있을까
나의 시작도 찾고
강물도 다시 투명해질 수 있을까

세상은 함께 흐른다
강물과 사람과 미래가

금곡리 산사태

2023년 7월 19일 새벽
예천 금곡리에
3일째 폭우가 쏟아졌다

산이 울더니
산사태가 마을을 덮쳤다
사람이 실종되고
나무들도
소나기 뺨으로 우지직 쓰러졌다

나무뿌리는
흙을 토해내고
양수발전소 도로는
갈라지고 고꾸라져
앞치기, 옆치기,
마구잡이로 끌어내려졌다

계곡의 흙과 돌은
길길이 터지는 괴성으로
길 위에 무덤을 만들었다

산이 무너지고
동네가 사라져
산도, 동네도
소나기에 떨고 있었다

지구의 한쪽 이마가
또 깨졌다
산은 괴물이었을까
아니면
살던 마을을
없던 일로 하자는
자연의 호통이었을까

꿈에 만난 병아리

꿈에 달걀이 있었다
모양이 조금 일그러지더니
노란 병아리 하나
툭, 나와 걷고 있었다
순식간에 태어난
작은 생명이었다
해몽을 보니
예쁜 딸을 낳는 태몽이다

마음을 보태
내 아이들의 아기를 상상했다
시간을 가두었을까
마음이 쌓였던 걸까
만들 수 없는 에너지는
어디에 머물다가
점점이 이어지는 것일까

지구의 숨결 속에서
보태어지고 사라지는 인연들
자연 속 작은 병아리가 자라는 환경
우리는 새싹을 키울 수 있을까

우리는 어디에서 태어나
어디로 가는 걸까
나도 사람이 되었고
아이들도 사람이 되었고
아이들의 아이는
또 아기로 태어나며
이 지구 위의 모든 생명은
무한한 우주를 향한다
보이지 않는 세계가
병아리가 자라나는 지구가 되려면
지구의 어머니를 닮아가야 한다

좀비 도깨비

의성에서 불이 났다
입 열면 후후 춤이 되는 불길,

양팔에 난 침들이 꼬리를 달고 사방으로 달렸다
이 산 저 산
달음박질하는 검붉은 연기에 춤추는 바람

산허리는 신음 토하고
나무들 기절시키는
좀비 도깨비
한 마리 두 마리 세 마리 네 마리
세지도 못하겠다

타닥타닥 좀비 권총 불길이
안동 청송 영양 영덕으로 산을 흔들었다

도깨비 놈 잠도 없다

소방대원 달려가면
눈에는 칼 빛 날을 세우고,
한번 휙휙 날 때마다 산이 운다

어머나, 무덤 속 어메 아베도 타네
화마의 입, 좀비 불길
칠백 년 된 은행나무,
의상대사 숨 끊어진 문화재
산짐승 살다 간 흔적 까맣고
봄 대신 죽어가는 산천초목의 곡소리

마을까지 휘감는 불길
갈 곳 못 잡아 밤새 울부짖는
산 울음소리 저는 못 참겠다

하늘이여
신이여
살려주소서

'이 인간들아, 꿔랬어

너희 탐욕이 만든 좀비 도깨비 불씨야'

배꽃 피더니

해마다 사월은 꽃 세상이다
농부가 꿈을 펴는 봄이다

배밭에 핀 하얀 꽃을 두고 사진을 찍었다
배꽃이 피어 나도 배꽃이었다

배꽃처럼 이뻐지고 싶었는데 눈이 내렸다
콩알만 한 배들 심장이 튼튼해
올망졸망 꿈꿀 우주를 생각했는데
사월 중순이 지났는데 눈이 내렸다
배꽃은 동상이 걸려
배꽃 암술이 시꺼멓게 얼어서 죽었다
배나무 스스로 속상한데
일그러진 주인 얼굴도 쳐다보지 못했다

지구는 오래전부터
덤비지 말라는 주의보를 보냈다

지구가 거친 호흡 해버리면
한 방에 갈 것이라더니,
봄은 배밭을 가득 꽃 피워 놓고
아침 기온이 영하 5도로 경고장을 보냈다

날씨는 하늘거리는 여름 원피스에
겨울 부츠를 신고 다녀갔다

대지의 품속

인디언은 땅을 정령(精靈)* 한 신의 것이라 여겨
사고파는 게 아니라 했다
태양도 강도
태어날 후세에게 물려주어야 하므로
깨끗이 빌려 써야 한다고 일렀다
어릴 적이나 지금이나
따스한 햇살은 사고판 적이 없었다

아기 개구리 등 말려주는 햇살,
걸음마 배우는 아기 손등에
장난 가득한 꽃그늘이 눌러앉았고
꽃 진 그늘에서 노인의 눈길은 하늘을 쳐다보았다
꽃밭 어린 동산은 환하고 보드라운 얼굴들
세상 곳곳에 가득한 햇살

---

* 정령(精靈): 산천초목이나 무생물 따위의 여러 가지 사물에 깃들어 영혼으로 원시종교의 숭배사상 가운데 하나인 존재이다. 고대 학설은 엠페도클레스(B.C.493~433년)가 처음 주장했고, 후에 플라톤(B.C.428~348년), 아리스토텔레스를 거쳐(B.C. 348~322년), 파라켈수스(B.C.1493~1541년)가 주장했다.

가져가도
없어지지 않는 햇살
그 그리움은
오늘,
대지를 그리워하는 시가 된다

부록

시 노래 플레이리스트

1. 마음이 다닌 길(2022)
2. 다림질(2022)
3. 세월이 가면(2023)
4. 국화(2025)
5. 토닥토닥(2025)
6. 시작도 모르고 끝도 모르는(2025)

1. 마음이 다닌 길

길을 못 찾아
이리저리 헤매고
지나온 길 다시 가보고
어설프게 다니던 길에
잡초가 무성하다
눈감아도
눈을 떠도 보이는 마음의 길
길이 있으면 내가 있는
마음의 길
이 길에서 다시 나를 만나자

2. 다림질

오늘이 기도이게 하소서
속마음 겉마음이 한결이게 하소서
다림질 순간순간이 깨어남이듯
나의 삶도 다림질되게
그러하게 하소서

어설픔이 펴지고
일그러짐이 반듯해지고
구겨진 삶의 조각이
다림질되듯 하소서

내가 다리는 옷들의
보살핌이 다림질이듯
내 삶도 스스로의 다림질로
깨어있게 하소서
헌 옷 다림질의 오래된 내음
배어나듯 삶도 그러하게 하소서

한마음 보살핌이 다림질로 내가 되게 하소서

3. 세월이 가면

봄 오고
봄 가고
지금껏 살아온 세월
흐르는 물 같지요
울지 말아요
슬퍼 말아요

새잎의 눈뜸에 가슴 설레었고
꽃잎 열릴 때 우리도 꽃으로 피어났어요
소나기 소리에 잠을 뒤척이며 아침을 맞았고
달빛이 가득한 밤
꿈 빛에 젖었어요
울지 말아요
슬퍼 말아요

오늘도 우리를 맞는 햇살에 바람이 느껴지지 않나요
새들이 푸득이며 나무 위를 날지 않던가요

울지 말아요
슬퍼 말아요

4. 국화

가을이라 피네
가을 하늘 구름 한 점 몰고 와
국화에 머물다 바람 두고 떠나네

가을이라 피네
높이 떠 있던 달
차가운 서리 안고 와
뒤척이다 사랑 향기 두고 떠나네

가을이라 피네
누구나 살아가는 가을
다시 일어서라고
언덕 위에서 손 흔들고 있네

5. 토닥토닥

어두운 하늘에 별은 빛나지
캄캄한 마음에 별이 자라지
하늘 차가우면 별 추울까
따스한 구름 이불 덮고 잘자
땅이 차가우면 마음 추울까
가랑잎 이불 속 웃음 안고 잘자

슬퍼서 빛나는 별
눈물 뚝뚝 뜯어져 빛나는 별
그래도 반짝이니
슬픔의 빛 누가 알겠어
가만가만 들어보면
별들이 토닥이는 이야기
우리는 그 안의 별들

6. 시작도 모르고 끝도 모르는

이 세상에 태어나 부모님 손길로,
어여쁜 마음 기르며 받아온 정성
무한한 사랑 한 발 두 발 디뎌보며 알아가는
시작도 모르고 끝도 모르는 산다는 일

이 세상에 태어나 사랑하는 사람을 만나
믿고 기대어 희생으로 꽃이 피는 부부
사랑을 눈물로 배워 깨달아 가는
시작도 모르고 끝도 모르는 산다는 일

이 세상에 태어나
웃고 우는 가족을 만들어
눈길 맞추어 꽃사랑 피우는 사계절
시작도 모르고 끝도 모르는 산다는 일

이 세상 태어나 이웃을 만나

아침저녁 불어주는 고운 바람 되어
보살피며 보듬으며 손잡아 주는
시작도 모르고 끝도 모르는 산다는 일

방랑

누구나 가는 곳이 있지
방향도 모르면서
누구나 가는 곳이 있지
방향도 없으면서

구름 달리면
마음 실어 보내는 곳
마음 안아보고 싶은 곳
누구나 가보고 싶은 곳
알지 못하는 발걸음

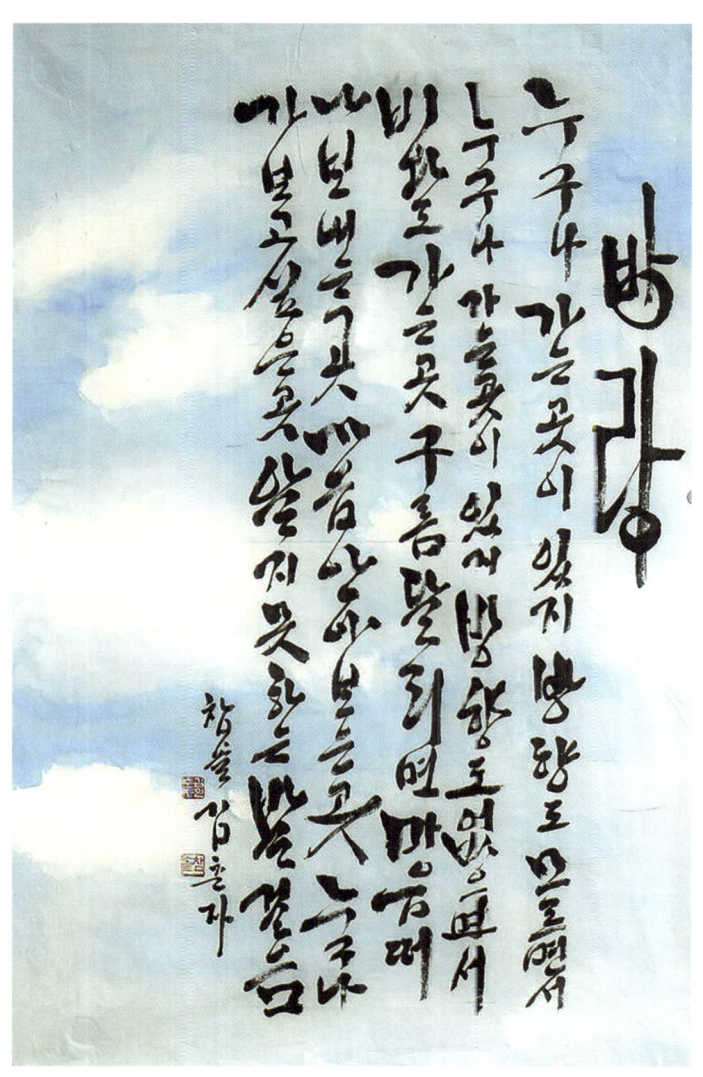

마음이 다닌 길 네 번째 이야기

네 번째 이야기

초판 1쇄 발행　2025. 7. 4.

지은이　김춘자
펴낸이　김병호
펴낸곳　주식회사 바른북스

편집진행　김재영
디자인　김효나

등록　2019년 4월 3일 제2019-000040호
주소　서울시 성동구 연무장5길 9-16, 301호 (성수동2가, 블루스톤타워)
대표전화　070-7857-9719 | **경영지원**　02-3409-9719 | **팩스**　070-7610-9820

•바른북스는 여러분의 다양한 아이디어와 원고 투고를 설레는 마음으로 기다리고 있습니다.
이메일　barunbooks21@naver.com | **원고투고**　barunbooks21@naver.com
홈페이지　www.barunbooks.com | **공식 블로그**　blog.naver.com/barunbooks7
공식 포스트　post.naver.com/barunbooks7 | **페이스북**　facebook.com/barunbooks7

ⓒ 김춘자, 2025
ISBN 979-11-7263-462-9 03810

•파본이나 잘못된 책은 구입하신 곳에서 교환해드립니다.
•이 책은 저작권법에 따라 보호를 받는 저작물이므로 무단전재 및 복제를 금지하며,
이 책 내용의 전부 및 일부를 이용하려면 반드시 저작권자와 도서출판 바른북스의 서면동의를 받아야 합니다.